모르는 입술

모르는 입술

장무령 시집

청색종이

시인의 말

시를 쓰는 것은 시인이 되는 것은 두려운 것이다
훼손을 지나 파국과 혼돈을 향하기 때문이다
그 잡은 끈마저 놓았을 때 비로소
저 멀리 고요하고 간절한 언어
그래서

잘 가라 나의 입술들아
영원히 생소할 너의 입술들아

장무령

차례

모르는 입술

장무령 시집

5 시인의 말

I

13 만찬
15 사실^{-이다}

II

21 순례
23 드라이플라워
25 고해성사
28 기도
30 카르투시오
34 벌초
37 가수면 2
39 슬픔은 극복되지 않는다

III

43 꽃의 변주에 대하여
45 야곱의 물
47 nothing
50 거식
51 707동 1701호
53 염(殮)
55 인터스텔라
58 나를 부르지, 유령
61 나의 육식동물

IV

67 시간의 에피소드 : 始
68 장수요양병원 가는 길
69 나를 만지지 마라
71 접(椄)
73 굿 바이, 코끼리
76 마당
79 갈매못 성지
81 피정(避靜)
83 영면은 파—란 역등(驛燈)을 컨다
85 종장(從葬)

V

89 하구의 박물관
91 여행을 떠나요
93 비상
95 무르만스크에서 피다
97 철거
99 이사
102 모닝커피
104 가수면 1
105 실크 목도리
106 밀키트 조리법
108 카페 간다
111 입술

VI

117 해변 없는 바다
120 연(緣)
122 구경(究竟)
124 김종삼 1
125 약탈 게임
127 UFC 오디세이
130 호모 사피엔스
133 계몽의 시간

135 게재불가

VII

139 바라밀(波羅蜜)
141 나마스테

해설
147 차브 라차브, 차브 라차브, 카브 라카브, 카브 라카브,
     제에르 샴, 제에르 샴 | 김대현(문학평론가)

I

만찬

'다른 집으로 가겠어요'

무너진 담벼락의
목 잘린 꽃의
꽃잎이 떨어지지 않을 때

발로 차 보는 자
침을 뱉는 자 간혹
남몰래 자신의 것을 내놓고 시비 서는 자

색(色)을 벗은
담벼락을
포클레인이 번쩍 허공에 들어 올릴 때

입구가 열리고
아무도 나가지 않는 시간의 양손에 들린
독일제 명품 나이프가 꽃을 써는
맑은 소리,

잇몸에 스미는 육즙이 달콤한 것은
씹을수록 핏물이 진해지기 때문이다

꽃은 이별한 저녁 입속에서 피어난다

사실-이다

숨이 멎고 터지는 사이로 단풍이 붉어졌다
단풍에 부딪히며 기차가 달렸다
도착역은 햇살처럼 부서져서 입구가 보이지 않았다
사실은,
단국대 천안 캠퍼스와 호수 사이 협궤를 따라 달리는 기차가 있다

하루에 두 번 너는 내 방에 들어온다
잠든 적이 없는 이거나 깨어난 적이 없는 이라는 서술어 어디도 아닌 아침
침대 옆 의자에 앉아
나를 내려다보는 너의 눈동자
흔들린다 너는 사실은
한쪽 다리가 주저앉는 의자에 앉아 있다

(다리 하나가 부서지는 데에서 사실은 시작된다 또는 다리가 부서지는 데에서 사실은 마무리된다)

너가 기울어진다

사실은 의자에 앉은 사실이 기울어진다
45도 정도로 비탈진 의자 위
사실을 기차가 달린다
기차 소리는 스냅사진처럼 한 장 한 장 잘려진다
소리 한 장이 호수에 닿아 출렁인다
소리 한 장이 단국대 의대 건물 유리창에 부딪혔다 튕겨진다

분명 기차를 본다
나는 기울어진다
아무도 말한 적이 없다
어느 공문서에도 남아 있지 않다
때론 비사실적이다

기차가 달린다
너의 입술이 나의 입술을 벌린다
   식도에 걸린 물질이야
   생수를 넘길 때 아, 거기

이물질이야
너의 입술은 반복적으로 나의 식도를 맴돈다

단풍 가득한 긴 골목을 걸을 때
내 옆에서 하품을 은화처럼 데굴데굴 굴린
내 앞에서 돌아보지 않을 뒤를 감각하는
너와 나는 정동 카페에 있다
카페 밖 단풍나무는 상처를 반복해 맨몸이 된다
낮은 등이 너와 나 사이의 바닥 아래로 딱딱해진다
식도를 넘어가는 커피가 아니다
식도에 박힌 딱딱한 속삭임이다
딱딱한 두 덩어리는 정동 카페에 있다

카페에 들어온 적이 없어야 사실^{-이다}
카페에서 나온 적이 없어야 사실^{-이다}

기차가 나를 향해 달려온다
나의 팔이 어디에서 늦은 밤에 도착한다

나의 다리가 어디에서 늦은 밤에 도착한다
너는 내 방을 열어 물처럼 나를 감싼다
나에게 팔이 붙는다 다리가 붙는다
몸은 물속에서 다시 만들어진다

철로가 손가락 사이로 바람처럼 깔린다

기차는 나를 태우지 않는다
기차는 별빛처럼 반짝이여 나를 짓이긴다.
나는 여기저기 흩어진다

사실은 단국대 천안 캠퍼스와 호수 사이 협궤를 따라 기차가 달린다
가장 시끄럽게 지나간다
가장 기울어져서 지나간다
기울어진 내가 물컹 물컹 흘러내린다

II

순례

  살아 있다는 것은 몸을 요구한다

  비대한 몸을 관람하는 산티아고 대성당 당신, 도륙(屠戮)의 축복

  욕실 통유리 밖 적목련 손끝, 낙화 직전의 응혈
  스파 욕조에 콸콸 쏟아진 뜨거움
  땅이 다시 시작되는 곳으로 흘러 내장 없이 뼈 없이 물결만 남아

  불쑥 나타나 '묻지 마'의 미소로 옆구리를 꿰뚫어
  오물로 범벅된 놈을 자가운 길바닥에 풀어 주시기를

  기필코 들어주지 않는 인자한 당신

  투명 유리관 속 거죽만으로 전시된
  도살의 날짜 선명한 검푸른 낙인의 몸을
  점심 후의 가벼운 산책처럼 지나치는 관람객 속 당신

포정해우의 솜씨로 뼈와 살을 발라내면서 감각만은 끝내 살려 놓는
섬세한 당신

아무도 들어가지 않는 도서관에 들어가기 위해
아무도 앉지 않는 저녁 테이블에 앉기 위해
떠나기 전
성당 광장을 한 바퀴 돌 때
유리관 속에 앉아 있는
썩어 가는
생생하게, 당신

드라이플라워

기어이 잡히고 말았구나
이 늦은 오후에
저 열린 저녁의 문으로 달려오는
짐승의 빛나는 이빨

샤워를 한다
썩는 말의 고름
물에 풀려
오늘 저녁 하수구 쥐들의 꼬리를 적시고
가 본 적 없는
모래사장에 닿아
해풍에 바스러지는 드라이플라워를 위해

본다,
눈알 없는 흰자위로
짐승을 기다리는 한 덩이 살점으로
처마 끝에 매달려 흔들린다

마주 앉은 테이블에 수북이 쌓이던
배고픔의 족쇄를 끊고
아버지의 집을 떠나
아버지의 집에 안긴
고양이의 방울 소리
백동전처럼 집 밖으로 떨어지는

오라, 설레는 무욕
나의 짐승이여

고해성사

나는 정녕,

누구나 알고 있는 사실을
누구나 모른 척하는 비밀로 바꾼
복도를 따라
아버지의 방으로

사지 절단된 몸뚱이에서
울컥대는 핏덩이의
신선도가 떨어지기 전에
커튼이 걷히고
복도가 사라지기 전에

날개를 접은 새
창문에 부딪히는 소리
톱날을 돌려
잠들지 않는 사지를 자르고

눈 뜬 자 없는
듣는 자 없는
순간,
방아쇠를 건 손가락 끝으로
호흡 하나 빠진 자리만큼
당겨

구멍 난 이마의 아버지가
행담도 휴게소 화장실에서 바지를 내리고 나올 때처럼
　여기 어디여어? 집에 가자아

기억이 닳은 자리 같은 말을 반복해서 갈아 끼울 때처럼

한 치의 오차도 없이
누구도 부인할 수 없게
아파트 매매 계약서에 도장 찍듯이
최종의 서류에 불을 집어넣은

눈 내리는 언덕
아버지의 재를 밟으며
권총집이 된 몸을 증거 삼아
무릎을 꿇고

나는 아버지를 쏘았습니다

당신이여

기도

뛰어들게요
꿈처럼 속아서
고양이처럼 발톱을 세워
당신의 흉터를 할퀼게요

나에게 던져 주세요
방금 베어 낸 고기를
피로 범벅된 달콤함을
독(毒)으로 채워서 던져 주세요

내장을 녹이는
손톱 밑을 도려내는
고통쯤은요
나뒹군 흔적은요
물청소 한 번이면 깔끔해질 테니까요

난 아직도 나를 밀어내지 못하니까요
오늘 쓴 문장을 붕대로 둘둘 감고

외면하고 싶으니까요

통째로 들어내 주세요
문서 파쇄기에 넣어 주세요
조각난 문장들이 눈꽃처럼 날리겠죠

누구든 창가에서
커피를 마시며 무심하겠죠
그때,
아주 멀리
눈 깜짝할 사이
농담같이 가볍게 멈춰 있겠죠

마지막 문장은
모래 위에 새길게요

'모르는 사람 여기 있다'

카르투시오[*]

  간병인이 눈곱을 떼는 아침마다 아버지의 발음은 정확해졌다
  '나는 냄새를 짐승처럼 맡는구나'
  병실 창문을 열면
  욕창이 꽃잎처럼 떠다니는 하수구의 물이 쏟아져 내렸다
  아침 햇살은 어김없이 역겨워
  암막을 내리면 경계는 맥없이 무너지고
  살아 있는 아버지가 죽은 아버지의 손을 잡고
  죽은 아버지가 살아 있는 아버지의 손을 잡고
  모든 밖으로부터 걸어 들어왔다

  세상에 없는 집을 피해
  세상에 없는 집을 향하는, 사이
  나는 버려졌습니다

---

[*] 봉쇄수도원.

나는 버렸습니다

가득 찬 희롱을 입에 악물어
동네 정육점 전동 슬라이서 앞에 무릎 꿇고
혀를 길고 길게 내밀어
같은 두께 같은 넓이로 선물 세트처럼 썰어 주세요
아버지의 고관절을 부러뜨리는 법
요양원 바닥을 기어다니는 아버지가
침을 흘리듯이 영혼을 흘리는 법

정육점에서 돌아올 때
손가락 끝에 걸린 검은 비닐봉지 속 피 묻은 고해(告解)가
보폭에 맞춰 덜렁거렸다

발신 차단한 번호들을 해제할 때
당신은 돈이 없습니다 라고 하루걸러 알려 주는
당신의 몸이 어디서부터 어떻게 부서져 내릴 것임을
조목조목 따져 주는

당신에겐 당연히 불행한 일들이 계속될 것임을 예고하는

찾아야 불안에 빠질 것이고 불안으로야 비로소[**]
나의 손을 잡고
곰삭는 하늘의 별 초롱초롱, 하여
'우리의 아기를 지웠어요'

구더기처럼 파리처럼 맹렬하게
용맹정진,
닿아야 혀는 뽑히고
혀에 이끌려 나온 별은 비로소 축포처럼 낭자하다

오가던 길에서 샛길로 빠져
여기저기 피어나는 꽃
살덩이에 이빨을 박고 빨아들인

** 『The Gaspel oF Thomas』 Logion2에서

영혼의 헤죽헤죽
수도원 담벼락 햇살에 걸터앉아
바짝 말린 하품
바스러진다

벌초

미장원이 은박지 같은 머리카락으로 온종일 환한 장날
늙은 어머니의 머리카락이 검게 물드는 시간

몰래 간신히, 두렵게
나는 너를 미장원 앞에 세워 두고 벌초하러 간다

오지 않는 소식이 두드리는 장단에 춤을 추며
땡볕의 제단으로
새로 산 낫을 번득이며 아름다울 날들을 향해 간다

가시덤불을 자르고
가시덤불에 찔린 발목을 잘라
잃어야 선명해지는 길
가슴에 맞닿는 길
저 수풀 아래

낫질로 수풀의 높이를 자르고 잘라
낮아지고 낮아져

기어간다 뱀보다
은밀하게
소름끼치게

산은 고요하고 뿌리는 평화롭다
잔인하게

나를 건드려만 주세요
콧바람처럼 가볍게 내리쳐 주세요
당신의 제단에 올려놓은 낫은 제일 날카로우니까요
뿌리를 삭둑삭둑 끊어 주세요

그러나 휴대폰이 울리면
"다 끝났다아, 어디여?"

피를 씻어 내고
입꼬리가 올라간 표정을 그린다
미장원 앞에 너를 세운다

토우(土偶)* 가 미장원 문을 연다

* 흙으로 만든 인형으로 주로 부장품(副葬品)용으로 만들어졌다.

가수면 2

몸은 잠기지 않는 섬을 안고 침대에 떠 있었다
눈을 감으면 책장에서 물이 흘러나왔다
문자가 물고기처럼 떼 지어 몰려다녔다
입과 코로 물줄기가 쏟아져 들어왔다
몸 안에 바닥을 가진 적 없는 심해가 고요했다

커지는 동공 앞으로 기억나지 않던 얼굴들이 방울방울 떠올랐다
살갗은 물에 불어 오래된 내복처럼 늘어졌다
물고기들이 빛을 등지고 물려와 살갗을 물어뜯었다

벼락을 맞고 쪼개지는 나무처럼 그러나 정신은 단박에 쪼개지지 않았다
치즈처럼 끈적끈적하게 침대에 눌어붙었다
눌어붙을수록 보이지 않는 것들의 숫자가 또박또박 세어졌다

첫 물음을 던지기 위해 입을 열었다

물이 피압수처럼 솟구쳤다
몸의 모든 틈으로 몸이 찢겨 나갔다
수면에 살점들이 흘러 다녔다
살점들이 흘러 다니는 수면 아래로 잠을 청했다

흑고래가 자기 몸을 먹는 소리를 심해 협곡에 묻고 있었다
무게를 버린 흑고래가 수직으로 곤두서 떠올랐다
투명한 화관을 쓴 해파리들이 춤을 추며 뒤따랐다

전화벨이 까마득한 데서부터 울려왔다
수건은 미라처럼 비쩍 말라 있었다
문자들이 먼지에 뭉쳐 방구석에 굴러다녔다
눈을 뜨고 물을 마시는 실수가 반복됐다

슬픔은 극복되지 않는다

엄마의 집은 빗물을 막지 못한다
백 년 만의 폭우 때문은 아니다

벽의 내부에는 본 적 없는 소리들이 산다

빗물이 발바닥을 타고 차오른다
변압기가 알아서 빛을 차단한 밤,
흘러나온 내부가 발목부터 닿는다
구체적인 물질이나

공포는 꺼내기 직전 극대화된다.
엄마가 벽장에 숨긴 오줌 젖은 바지는 기어코 찾아졌다

포획된 들개의 이빨은 그물을 찢지 못한다
그물에 잇몸이 찢겨 나갈 뿐이다
피비린내가 진동해야 공포는 고요해진다

'엄마가 집에서 나를 기다린다아'

여든여덟의 엄마가 침대 끝에 앉아 엄마의 엄마를 찾았다

이후가 없는 저녁에도 밥상에 앉아
구차함을 꼬박꼬박 떠넘겼다

좀비처럼 손가락 끝 발가락 끝
가장 바깥의 감각으로
극복되지 않고 익숙해지는
분비물 냄새

문 앞, 전등이 켜지고 켜지고 켜지는 것
꽃이 피고 피고 피는 것
꽃과 불빛보다 저 멀리에서

규칙은 가까워지지 않아야 선명하다

III

꽃의 변주에 대하여

국도 가운데 고라니
싼타페 바퀴에 감겨 나를 따라온 고라니
침대에 내장을 쏟고
구멍 난 눈
나를 잡아당기는

배설되지 않는 꽃 붕붕 부풀어 UFO
위장을 돌아 심장을 돌아
치료 불가의 속력으로
다음 세계로 관통한 블랙홀

미동도 않는 커튼 뒤
국도의 밤 아가리를 벌려
순간, 도마뱀 혓바닥
가로등을 낚아채는

보이는 것 위 보이지 않는 것 고인
블랙홀 썩는

연꽃, 역겨운

살도 없이 뼈도 없이 UFO에 올라타기
억 광년 지난 후
살과 뼈 피로 엮어

너는 화관을 쓰고
화관 속 독사 나의 혈관에 이빨 박고

우리 맞잡은 손에 독이 땀처럼 흥건해
다정하기

야곱의 물

한 모금의 물이 남아 있는, 컵
입술을 대면 모호하다
깨어진 물이다

나에게 온 것 살아서 나의 입술을 열고
나에게 온 것 죽어서 나의 입술을 닫는다
한 달 전에 죽은 산세베리아와
한 달 후에 죽을 산세베리아가
물에서 만난다
한 모금의 물이 남는다

한 모금에
내가 잠긴다
집이 잠긴다
컵이다

초인종이 울린다
다시, 사흘 전 엉뚱한 벽을 뚫은 외국인 배관공의 표

정이다
　통역 불가의 표정이 반대쪽 벽을 향해 해머를 내리친다

　깨진 컵 속 물이 출렁인다

nothing

  - 오빠 나는 보통 콩깍지, 마늘, 방울토마토를 곁들여요

  나의 스테이크와 너의 스테이크 사이에 출렁이는 태평양이 있다고 정한다
  적도의 폭우가 지나간 서늘한 해변을 걸어 회사에서 돌아온 너, 파도에 흘려서 파도를 타고 술렁일 때
  나의 식탁은 관념적이어서
  너는 사후에야 읽히는 메시지이다

  우선 고기를 키친타올에 돌돌 말아, 저 구체화된 붉은 피

  - 부위별로 고기를 굽는 시간은 달라요. '적당히' 굽는 시간이 중요해

  '적당히'에 못 미치거나
  '적당히'를 지나쳐야 '적당히'는 비로소 이해된다

만족스럽지 못한 점수를 받아온 초등학교 2학년인 나에게 엄마는 말했었다.
'그 시험지를 씹어 먹으렴'
입속 가득 시험지를 오물거릴 때 빈틈을 비집고 스스로 쏟아지는 눈물과 콧물, 그렇게 빈틈은 물질로 도래한다

- 나는 오늘 당신을 생각하지 못했어요.
  알죠? 홍콩이 얼마나 비싼지 사라져 가는지
  오늘은 뜨거운 불판에 고기를 한 덩이 올려요
  기름방울이 손등에 떨어질 때 부풀어 오르는 핏줄
  당신이라는 흉터를 남겼어요

누가 누구를 낳고 누가 누구를 낳고 낳고 낳고의 간격, 살인하고 범하고 용서하고 등등 간혹 신의 음성이 보이지 않는 들리지 않는 현기증 같은 유혹의 찰나, 입속에 남은 스테이크 덩어리의 통음 통곡 통각, 잠시 열린 창문 밖 너 아닌 것처럼 가까운 악취 나에게 언젠가 있었다는 너

적당히 구운
적당한 감도
적당한 정적의 저녁
서울과 홍콩 사이 출렁이는 바다 아래를 바다 위로
가려지지 않는 흉터란 없는 법
스냅 사진 몇 장은 아름답고
춤은 조명 아래서 어둠을 등져야 선명하다

스테이크를 썰기 전에 버리는 밤, 너의 찰나!

거식

누군가 테이블 앞에서 문득 일어났다
나는 보지 못했다
나의 입술은 거머리처럼 테이블에 붙어 있었다
'잘 가'라는 말보다 테이블은 정갈하고 달콤했다
묵은 때처럼 침이 흘러 나왔다

젖은 산책로에는 나 대신 지렁이가 기어다녔다

새로 내린 커피에 각설탕처럼 손목이 녹아내렸다

입속엔 혀를 흉내 낸 혀가 있다
식당 입구를 열면 거미가 내려왔다
테이블에 앉아 음식 리스트를 읽는다
거미줄에 감긴 식욕이 거미를 기다린다

707동 1701호

꽃은 잎을 떨어뜨려 바닥을 가늠하는 거야

낙하할 때
추억은 먼지처럼 떠오르지
커피 원두를 분쇄할 때
머그컵을 달굴 잠깐의 열기가 준비되지

계속 말을 해 계속
말로만 진료하던 늙은 의사는
그가 마지막 숨을 내뱉은 후에도
귓속에 계속하라고 그랬지
나구삽이로 피부를 핥고 냄새를 맡아
가장 멀리까지 배웅하는 건
짐승의 코
짐승의 입

허공을 물어뜯는 입
허공에 물어뜯기는 입

허공을 안고
십칠 층 아래로 길게 길게
처음이 어려울 뿐
깊어지는 거야, 그 집

베란다의 꽃들이 썩어
모든 벌레가 살아 있는

창밖의 집

염(殮)

박피하듯 발라내는 감각 한 점 한 점
쾌락의 감도,
치즈처럼 숙성되는 시간

단박에 끊어지는 목숨이란 낭만적 수사(修辭)
살아야 할 이유를 조작할 때마다
마술사는 빈 상자 속에 빈 상자를 만들고
날려 보낸 비둘기로 날려 보낼 비둘기를 감춘다

최종의 말을 함구한 잔인한 은총마다
세상에 참 평화는 없어라[*]

갔던 모든 곳
주지육림의 숟가락질로
먹고 흘리고 토한

---

[*] 비발디의 모테트, 〈세상에 참 평화 없어라(Nulla in mundo pax sincera)〉 중에서.

빈 도시락 같은 몸에
덮개를 얹어야 할 때
제의(祭儀)를 마무리해야 할 때

최후에 배달된 캐시미어를 바닥에 깐다

앞에 달리던 대형 트레일러가 갑자기 멈춰 선다
급제동을 걸고 핸들을 돌려
마지막 가볍게 빙그르르 회전문의

아득한 높이 수리 독수리의 눈이
조감한 무늬

몸을 감싼 캐시미어에 배어 나온
부드러운 사소한
혈흔,

인터스텔라

일 년에 한 번 장미를 샀지
장미를 잃었지
장미는 영원하지

길, 호텔,
그리고 문 닫은 음식점
기억을 잃은 곳
장미를 꽂았지
장미의 수액을 뽑았지

닿지 않는 물결
낳지 않고 나를 관통하는 물결
공주 유구 사이 고가(高架)를 지날 때
산들이 속을 벌려 내어놓은 깊이로
깊이가 이어질 때
깊이를 지나 장미에 닿는 것,

해가 시간 없는 동네로 떨어지는 속력

차창을 내리면 허공이 파도처럼 휘어지고
산과 산 사이
지금과 지금이 아닌 것 사이의, 깊이

크리스마스마다 제일 비싼 와인을 독주처럼 나누고
우리 깨어나면 안 될 것처럼
조금 더 사치스럽게
조금 더 적나라하게

나의 장미여
분노해요 사라져 가는 빛에 대해[*]

차창 뒤로 사라지는 것은 빛을 추월해
사라짐을 반복하지
옆구리에 밀착되지

---

* 영화 〈인터스텔라〉 중의 대사.

깊이의 층위

옆구리

장미 한 송이 조수석에 피어 있지

나를 부르지, 유령

지금 걸음은 너무 성급해
휴대전화는 무음으로 하고 느릿느릿
남의 살을 뜯어먹는 입질은 성급해
나의 살을 뜯어먹는 입질은 사소해
저녁 약속을 취소한 걸음을 시늉해

호수 아래로 머리를 곤두박아 속을 채우는 오리에서부터
수풀 속 내장이 파헤쳐진 속 없는 오리까지
물결의 무늬는 이어지지
어둠은 기계적으로 순환되지

눈은 계속 감기지 않아
기억하지 않는 것에서 기억 못 하는 것으로
흐르는 강물은 얼어붙고
빙판 위를 기웃기웃 걸어가
없는 호텔에 묵었지
없는 카페에 앉았지

속삭였지

안녕, 여기서부터 비밀이야
우리의 새해 다짐이야

여기저기 철거 고지가 나붙은 군산 적산가옥 동네
집은 떠나지 않지
떠나지 않고 부서지지
가림막 너머 적산가옥 대문의 빗장을 열면
수풀에 뒤덮인 정원
복사지에 베인 손톱 끝처럼 따끔거리는 단풍이었지

오래된 정원엔 유령이 떠돌지
그래 여기야
파닥파닥 살아 있는 우리를 매장하는 거야
빗장엔 우리의 녹슨 손자국만 남는 거야

식지 않는 커피는 없어

당연한 생각이 혀끝에 신선한 원두처럼 닿을 때
귀밑을 간지럽히지
귀를 깨물지
뜨거운 정원

어차피 몸뚱이는 잿더미로 정화되는 것
정수리에 등유를 붓고 매끈매끈

나를 부르지, 유령

나의 육식동물

손바닥을 스치는 뾰족한 풀
아니 풀과 손바닥 사이 해풍의 까칠함
내 앞에서 꼬리를 흔든다
너? 육식동물
너를 잡아먹은
나를 잡아먹은
물증,

바다에서 기원한 모래언덕
바다로 가는 길을 끊어 버린 모래언덕
언덕 아래 바다의 흔적에 입을 댄 갯그령*
피 묻은 만큼 따뜻한 입술

사각형의 주물
콘크리트로 꽉 채운 빈틈없는 무게

---

* 볏과의 여러해살이풀로 모래 이동이 심한 사구(沙丘)에 주로 서식한다.

식도를 따라 계속 가라앉는 꿈
식도의 내피를 그으며 떠나가는 것
사구에 모래가 떨어지는 소리
모래밭 위 발자국이 서걱 서걱
옆에서 때로는 앞서서 육식동물
분류 체계를 벗어난 추상

너와, 잠들은 밥 먹은 이야기한 틈새
채워지지 않아 구체적인 틈새
해풍을 따라 날아오는
모래의 통로

   너의 살은 씹어도 풀이야
   너의 뼈는 부러뜨려도 풀이야
   그냥 너는 나의 두 발 옆이야

우리 함께 모래의 언덕을 걸어
욕망 없는 산책

해가 없는 곳에서
달이 없는 곳에서
해와 달로 눈부시게 몽롱한 메시지
   안녕, 너의 육식동물이야

IV

시간의 에피소드 : 始

이른 아침, 무지개가
마당 앞 수렁에 머리를 박고 곤두서 있었다

   아이고
   숨통을 놓으셨구나

어머니의 혼잣말이 들리기 전에
나는 다시 잠들고 싶었다

나무 찍는 소리가 들렸다

세수를 하기 시작했다
쓰지 않던 클렌징폼까지 바르고
오랫동안 얼굴을 씻었다

싸리 빗을 새로 엮은 아버지가
마당 구석구석을 쓸고 대문 밖으로 나가고 있었다

우선,
오래된 방의 냄새를 술잔에 따랐다.

장수요양병원 가는 길

문 여는 소리에 나무들이 일제히 입술을 내밀었다
소리의 방향을 찾지 못한 나무는
마른 가지를 침대 밖으로 늘어뜨렸다

영하 십일 도 한파에 툭 터지는 욕창
한 컷,

침대 옆 간이 의자에 앉아
몰래 보는 불온만화처럼
서둘러 한 컷을 넘긴다

치즈 케이크를 눈으로만 맛보는 얼굴 뒤편
폭설이 마른 가지를 묶는다

나를 만지지 마라

마을로 내려오는 언덕 뒤편, 숨지 못한 자의 부조(浮彫)가 세워졌다

마을 입구에 모인 사람들이 검은 하늘을 향해 붉은 장미처럼 공포탄을 쏘아 올렸다

들것에 실려 나는 공책을 펼쳤다
처음 들어보는 사람들의 노랫말이 한 글자씩 또박또박 적혔다

'손을 펼치세요 당신의 운명을 감춰 드립니다'
점성술사는 가져 본 적 없는 별자리를 나의 손금에 그려 주었다

후배가 성당 목걸이를 가져다주었다
목을 조이는 축복의 언어

여든 넘어 갑자기 성당을 다니기 시작한 어머니

저기 종탑 위 양손에서
아버지의 핏덩이가 뚝뚝 떨어진다
혓바닥을 날름거리며 종탑을 핥는
화염의 문장

공책을 덮는다
누군가의 소리, 척수를 꽉 누르는

'나를 만지지 마라'[*]

---

[*] 라틴어로는 'Noli me tangere'이다. 부활한 예수가 마리아 막달레나에게 한 말이다.

접(椄)

성산 일출봉에서 이름 없는 곳까지 수평선
수평선 위 조등을 켜는 배 한 척 두 척 그리고

성산 일출봉에서 이름 없는 곳까지 해변
돌아오는 자의 불빛에 몸을 내주는 한 명 두 명 그리고

수평선이 바다 아래에 묻히다
발목이 해변에 박히다

귀향한 자의 관을 짜는 그때, 관치기 해변
햇살이 가장 눈부시게 닿는 그때, 광치기 해변

모래 아래를 서성이는 발목 위에서부터 갈매기나 바람
허공의 뼈
냄새의 허공
목소리의 허공

연두색 바다 위에 붙을 듯 붙을 듯

카이트*에 매달려
부풀어 오른 부피에 목매달고
숨통이 막혔다 풀렸다

너와 같이 웨이크보드를 타고
성산 일출봉에서부터 허공의 바깥으로
피를 살갗을 터뜨려
뼈를 부러뜨려
저 매달린 형상,

---

* 서핑에 사용되는 대형 연.

굿 바이, 코끼리

애야 다리가 부러졌구나
마당에 지는 꽃의 무게도 못 견디는구나
살을 찢은 뼛조각들이 울타리조차 찢는구나
너를 향해 독사처럼 아가리를 벌리는구나

창문은 열린 체였다
사관학교 학생들의 구호 소리가
벨벳 커튼을 타고 토사물처럼 창문 안으로 쏟아졌다

어서 문을 잠거라
대못을 치거라
대밭에 웅크린 늙은 뱀의 허기로 나를 묶어
돌산에 버리듯이 나를 버리거라

 장작더미에 점화된 당신의 목소리가 안개처럼 피어올랐다

 늙은 눈동자로야 찾을 수 있는 동굴의 입구

코끼리가 천천히 들어간다
랜턴을 들고 뒤따라가는 나의
살갗을 꽉꽉 깨무는 코끼리 냄새

한여름만 피하라는 말을 한여름에만 심어라로 잘못 알아들었구나
타 죽는 배롱나무가 대문 앞에서 아기처럼 우는구나

랜턴 빛은 결코 코끼리를 앞서지 못한다
꽃의 무게로 부러진 다리로야 허락되는 거처,

걸음을 멈추고 코끼리가 코를 높이 늘었다
긴 울음에 올라탄 쥐 떼가 랜턴 빛을 쫓아 역병처럼 몰려왔다

동굴 벽에 랜턴을 집어던진다

온종일 햇빛 게워내는 버닝 가트*

---

* Burning Ghat : 인도 갠지스 강가 바라나시의 화장터.

마당

안녕, 잘 있을 거야 그리고
내장은 아직 저당 잡힐 정도로 신선할 거야
차를 팔고 집을 부수고
마당만 남기고
가장 비싼 의자 하나를 마당 가운데에 놓은 거지
알고 있던 사람들이 알지 못하는 사람이 되기 전까지
쳐든 칼이 방향을 잃고 시든 꽃처럼 근육을 잃기 전까지
누구도 보지 않는 의자
누구도 앉기 불편한 의자
누구도 사지 못한 의자

제사 지낼 때마다 마당 가득 풀어놓던 걱정
네 아들이 집안을 단종시키는구나!
대부분의 사람들이 한 가지 성을 문패에 달고 있는 동네
옆집에 살던 어르신이 당뇨로 한쪽 발을 잃고도 대문을 넘나들 때
아버진 의자에 앉아 말이 없지

아 늙은 말들,
   너희 집 감나무가 우리 지붕을 들쑤시는구나
   지붕 위를 귀신처럼 돌아다니는구나
   뱀처럼 혓바닥을 집어넣는구나
그러나 아버지의 귀는 술로 씻겨졌지

의자로 들어가 의자가 된 아버지
내게 말했지
   불을 붙여라

불타오르는 의자
공양(供養)의 새가 내려앉는 따뜻한 마당
거죽을 벗은 감나무

속살을 타고 달빛이 흐르지
단종의 감나무에 까만 감들이 주렁주렁 환하지

자 이젠 나의 술을 한잔

한잔 남은 독주처럼 발끝에서부터 흘러오는
흥얼거려, 불안과 공포의 나날을 위해
돼지의 배를 갈라 내장을 쏟고 핏물을 빼고
생에 감사해!
지친 다리로 당신의 집 당신의 길 당신의 정원을 걸을 때[*]
만지작거릴 때
그 부드러운 점액
   그리울 거야

---

* 아르헨티나 가수 메르세데스 소사(Mercedes Sosa)의 노래 〈생에 감사해Gracias a La Vida〉 중에서

갈매못 성지

걸음이 불편한 어머니가 기댄 꽃
꽃이 기댄 성당의 돌담 옆으로 서해가 허물어진다
돌담을 따라 나는 본당으로 오르고
서해처럼 흐린 어머니의 눈은 썰물처럼 빠져나간다

새가 날아가기 직전 목에 넘긴 칼날을 되새김질한다

돌담 위 마리아가 무릎을 꿇는다
마리아의 감기지 않는 눈에서 걸어 나오는 성자
성자의 잘리다 만 목에서 부화되는 새

참수도(斬首刀)에 비친 하늘에 한 마리 새가 선회한다
나는 성자의 목에 입을 댄다

목에 가득 찬 새의 소리가 잇몸에 스민다
참수도에 하늘의 무게가 비춘다
성자의 목을 다시 내리친다

손끝에 모인 경련이 몸 밖으로 풀어지면
핏물을 끌고 갯벌로 기어가는 게

서해가 허물어진 자리
어머니의 눈이 밀물처럼 밀려온다

본당의 문을 닫는
해변도로를 뛰어넘는
햇살의 근육
성자의 머리를 줍다

피정(避靜)

오른팔이 대청마루로 나간다
오른팔이 빠져나간 어깨
스테로이드 주삿바늘 자국
철근 빠진 구멍 같은

처마가 검은 얼굴로 대청마루 창을 엿보는 아침
고름을 쏟는 어깨
오른팔이 대청마루 색 바랜 의자에 앉는다

고양이 꼬리에 감겼다 풀리는 화단
피어난 꽃과
떨어질 꽃 사이, 의자
피주머니 달고
응고된 피 방울방울
팝콘처럼 터지는

피 냄새를 맡은 나일악어* 아가리를 쩍 벌린다

―――――――

* Nile crocodile : 고대 이집트에서는 '신의 사자'라고 불렸다.

아가리 속으로 들어가는 오른팔

의자에 움푹 새겨진
최초에 흔적이 있었다

영면은 파―란 역등(驛燈)을 켠다

파―란 역등(驛燈)을 달은 마차(馬車)*가 달려왔다

언제나 그리웠으므로
길가 꽃들의 재잘거림과 말 한 번 섞지 않았다
이미 무릎을 꿇었으므로
벼랑 끝에서 낭창낭창 걸어다녔다

휴대폰 알림 창에 영면이 파란 불을 켠다

다른 동네로 이어지는 늦은 저녁 골목 안쪽은 빵 냄새 때문에 허기졌다
  지나온 동네는 등을 지고서야 선명해졌다

  똥 오줌에 뿌리내린 꽃 땀구멍을 타고 흘러오는
  끝내 꺼내지지 않는 언어 목구멍을 타고 흘러오는

---

* 김광균의 시 「외인촌(外人村)」 중에서.

머물던 곳
반짝이는 물결이 선뜩 얼굴을 할퀴면
보이지 않는 곳

커피 한잔마다 찍히는 스탬프처럼
〈홍북커피〉 밖 면사무소 봄 언덕에 쿡쿡 찍히는
푸른 텍스트, 마침내 잘 알지 못한 사람이여!

유리창 앞으로 노인이 뒷짐을 지고 걸어간다
굽은 등 위 꼿꼿한 낮과 밤
어둠은 빛에 머물러 있다
빛에 어둠이 너물러 있다
낮과 밤이 먼지 뭉치처럼 언덕을 굴러다니는 저녁

창밖, 파―란 역등(驛燈)을 켠 마차가 머물러 있다

종장(從葬)*

자 긴장 푸세요
금방 사라지실 거예요
간호사의 목소리가
모르핀처럼 분명했다

차 문을 벌컥 열어 버린 예의 없는 소녀는
피 묻은 교복을 신용장처럼 입고 있었다
아저씬 어디로 가는지 알아요?

껍질 벗겨진 나무의 전령
허공으로 강직되는 숲
가속 페달을 밟았다

종탑처럼 길이 좁아지고
부서지는 차 안에서

---

* 장사 지낼 때 허수아비를 시신과 같이 묻던 옛 풍습.

피에 젖은 소녀가 부풀어 올랐다

누군가 종을 칠까요
종소리처럼 사라지는 아저씨를
나는 기억하지 않을 거예요

목적지는 항상 도착 직전에 변경되었다

'관계자 외 출입 금지'
문을 열고
나는 허수아비처럼 양팔을 벌려
새처럼 종소리가 내려앉기를
누군가 어깨를 토닥인다

정신 드세요 잘 끝났습니다
혼자 오셨어요?

v

하구의 박물관

오늘 어디에서 깨어났나요?
의사가 노트북을 쳐다보고 있었다

그래요 목을 찔렀어요
목을 따라 줄줄 흘러내리는
찬연한 허언
이보다 부드러울 수 없게 진할 수 없게 숙성된
숙성된 살갗을 저며
어제저녁 테이블에 올렸죠

문득 누군가 스쳐 갈 때 눈이 감기고
후각이 영혼을 갉아먹는 소리를 듣죠

베트남 공산당 간부가 알려 준
호치민의 어느 가게에서 산, 실크 머플러
노천카페 건너편 빌딩에서 투신할 때
열 손가락 쫙 펼치고
그 사소한 피

사소한 뼈

살아 있기 전날 밤으로
돌아올 때마다
초인종을 눌러
거기, 무한한
밤하늘 내장을 쏟아
비릿한 악몽 반짝이는
하구

종언은 바다로 흐르지 못하죠
하구의 그물에 걸려
피와 뼈를 다시 짜 맞추고
사채처럼 쌓여
박물관을 세우죠

어디가 입구인가요?
의사는 갈 때마다 의료 기록을 삭제했다

여행을 떠나요

그녀의 말은 두꺼운 책처럼 딱딱하다

  펜을 잡은 손끝에 면도날처럼 파고드는 글자
  당신을 조각조각 찢을 때
  연락하지 말아요
  그냥 떠나요

창문은 무덤처럼 열리고
나는 중력을 잃고 천정으로 떠올라
숫자를 처음 배우기 시작한 아이의 입으로
하나 둘 셋 또박또박 세어 가며
넘어오는 것 없는 푸른 언덕 위를 흐른다

  유리구슬처럼 뭉친 핏방울이 책상 위를 굴러다닌다
  찢어진 방충망 틈으로 달빛이 썩은 우유처럼 쏟아지
는 서재
  책장에서 책들이 한 권씩 날개를 펼칠 때
  읽지 못한 것을 쓰지 못한 것을 담보삼아

성호(聖號)를 긋고

부풀어 오른 복수(腹水)를 터트려 주세요
참을 수 없는 나에게서 물러나 주세요
없는 당신이여,

불빛이 보일 때마다 전속력으로 날아간 글자들이
전조등에 하루살이로 부딪히고 압사하는 소리
딱, 딱, 딱 떠오르는 부표,

나는 부표 줄에 매달려 깊은 연못 진흙 바닥, 거꾸로 곤두서서
핸들을 놓고 잠들 때까지

그녀의 말이었던 곳 연못이 고이고 형형색색의 잉어가 산다
책을 펼치면 허연 배를 뒤집고 떠오르는 잉어
여행 가방에 주워 담는다

비상

소파는 언제나 앉기 직전이 제일 아늑하다
소파가 거실 구석에서 뒤돌아선다

잘 삼켜지지 않는 말들이
염산처럼 뜨겁게
이십 층 베란다에 서 있는
살덩이를 녹인다

살덩이 속
허공의 심장
허공의 창자
허공의
베란다 아래로 쏟아지는 바다

바다가 젖은 수건처럼
코를 막고
입을 막는다

가장 현실적인 자리에서 한 발자국 옆으로 가면
가장 낭만적인 도약의 자리,

헬리캠*이 날아오른다
헬리캠 아래로 와이퍼의 움직임보다 빠르게 눈이 내렸다
서해 해안길을 달리는 싼타페 지붕이
폭설 속으로 파묻혔다
폐업한 덕산온천호텔이
헬리캠 렌즈를 향해 불빛을 깜박였다

호텔 불빛이 소멸되는 높이
헬리캠의 날개가 얼어붙는 비상의 자리
십칠 층 베란다

---

* 헬리캠 : 항공 촬영용 소형 비행 물체.

무르만스크*에서 피다

베란다의 화분이 거실을 본다

갑자기 쏟아진 폭우처럼
열십자 횡단보도 한복판
한 번의 통곡과
썩어 가는 침묵
망부석처럼 딱딱한 집

방사선 같은 햇빛 스며드는
아침마다 욕조의 물이 빠지지 않는
불타오르는 세포들이 손톱 끝까지 전이되는, 집

떨어진 손톱을 주우면서 더듬어 가는 골목 안
성인용품 가게의 분홍 네온사인을 지나
새벽까지 문을 연 우동 집 파란 플라스틱 의자에

---

* Murmansk : 러시아 최북단의 도시. '지구의 가장 자리'를 뜻하는 사미어(語) 무르만(murman)이 어원으로 추측된다.

남아 있는 흔적
본뜰 때

얼어붙은 눈 뭉치가 순록의 정수리를
망치처럼 내리꽂는
시베리아 자작나무 숲을 달려
무르만스크 극야(極夜)

오로라 시반(屍斑),
화분에 꽃이 피었다

철거

몸은,

'철거반대' 현수막을 펄럭이며
드라마 배경처럼
세련되게 헐리다
창문을 여는 낯익은 눈빛에
송곳처럼 꽂히고 싶었다

발을 헛디디면 막다른 골목에 걸려 있는
과녁
동네 밖에서 날아오는 화살은 심장을 향하지 않았다
심상에서 가상 먼 곳
열 개의 손톱
열 개의 발톱
한 발 한 발

책을 펼치고 밑줄을 긋는다

무너진 벽 틈 새끼 고양이가 쳐다본다

할인 판매 상품처럼 헤프게 이어지는 문장

문장을 잇는 것은 의미를 봉쇄하기 위해서이다
과녁을 뚫기 위해서이다

솜씨 좋은 장의사가 심장을 만진다

이사

집에 돌아오면 창문을 여닫는 일이 번거로웠다
화분의 나무는 생각보다 빨리 시들어 갔다
해야 할 일은 문밖에선 분명했고 문안에선 불분명했다

누군가 떠날 때마다 들리지 않는 소리들이 마루에 나란히 앉아 있었다
엄마 내 말 들려요
어머니는 들리는 소리 대신 들리지 않는 소리를 들었다
'아이고 담임 선생님이 풍금을 친다아'
1943년 청주 소학교 시미코 선생님의 풍금 소리에 맞춰 어머니가 흥얼거렸다
나의 목소리는 풍금 소리에 밀려 어머니의 흐린 눈 멀리 회색빛으로 출렁였다

어디에서 핸들을 돌려야 될까
익숙한 길일수록 운전이 서툴러졌다
'저에게 무슨 불만 있으세요?'라는 날 선 말엔 관행적으로 눈을 크게 떴다

세상 사는 법은 나도 모르게 흉내 내졌다
종심(從心)은 되야 마음이 세상의 이치에 닿는다는 어르신은
이치에 닿자마자 마음을 거두어 세상을 떠났다
살아 있는 사람들은 이치에서 멀리 떨어져 있었다

모르는 익숙한 곳에서 모르는 낯선 곳으로 간다
거실 벽에 걸려 있던 액자에 폐기물 스티커를 붙인다
냉장고 밑에 말려 들어가 있던 한 줄 문장이 주머니 속으로 들어온다
버릴 수 없는 것과 버릴 수 있는 것은 예측되지 않는다

다만 올해도
죽은 아버지에게 날아온 '근하신년'이 길 잃은 철새처럼 내려앉았다
사소한 말들이 창문에 실비처럼 흘러내렸다

친구로부터 전화가 왔다

거기가 집값이 오르겠냐
세상 사는 법은 익숙할수록 날카롭다

모닝커피

폐업처리 물건을 선전하는 전단지 같은 아침이 창문에 붙어 있다
남겨진 언어들을 변기에 게워내고 커피를 내린다

커피가 빈 종이에 방울방울 떨어진다
물먹은 한지(漢紙)가 얼굴에 한 겹 한 겹 덮인다
호흡이 땀처럼 흘러내려 맨발에 젖는다
눈물이 콧물로 똥물로 흐르다
초콜릿처럼 끈적끈적한 혈전이
혈관을 막는다

멀리서 몽둥이를 들고 죽은 아버지가 먼저 깨어 있다
아버지가 굴러떨어진 내 머리통을 휘갈긴다
골프공처럼 포물선을 그리며 날아오는 머리통

한 번 종이 울렸다
한 번 탈 수 없는 배가 도착했다

눈을 떠 모래언덕에 세워진 집을 본다
유리구슬이 땀구멍 속으로 굴러떨어진다
망치를 손톱에 우연처럼 내려칠 때
혀가 입 밖으로 풀어진다
뒤돌아선 채 떠나지 않는 그녀를 내뱉는다

핑계처럼 양지바른 곳에 앉는다
죽은 아버지와 자리를 바꾸어 커피를 마신다
창밖이 자투리 필름에 담겨 여기저기 수장(水葬)된다

가수면 1

전언이 우편함에 꽂혀 있었다

아파트 사이 산책로를 따라 핏물처럼 배어 나온 단풍

벽에 가득 적은 계산식의 끝으로
도착하지 않은 소식의 속도 값이
자판기 동전처럼 떨어졌다

겨울 철새들이 먹이를 찾아 날아들었다
망령이 날아오르는 날개의 근육에 녹아들었다

당신은 이미 도착한 사람이라고 적혀 있었다

꽃이 만개한 평원이 몸을 뒤집고 낭떠러지를 들어 올릴 때
문장이 이어졌다

이어진 문장이 흉기를 들고 당신을 들락였다

실크 목도리

바람이 벌레처럼 목을 타고 기어간다
조금 더 부드러운
조금 더 날카로운
감촉,

실크 목도리가 목을 휘감는다
목이 끓는 온도
물처럼 흘러내리는 목

옷장 제일 안쪽에 걸려 있는 묵은 겨울,

저녁 장사를 끝낸 레스토랑의 문을 열고 새로 포장을 청한다

냉동실
빳빳하게 얼어 있는 실크 목도리의 비등점

남겨진 냄새는 밀폐되지 않는다

밀키트 조리법

  주방 바닥에 남은 자국은 청소할수록 선명해진다

  가장 먼저 흘러내린 분비물은 가장 깊이 바닥에 새겨진다

  주인 없는 것을 들고 나가면서
쳐다보는 눈을 반복해서 눈치챘다

  고요한 것은 예외 없이 들려 나가
새로운 작용에 포함되었다

  수거 절차에 따라 대낮에 실려 나간 1302호의 고요함
쓰레기 수거일

  남겨진 자국에 대한 공무원의 설명은 어떻게 일목요연할까

  집으로 돌아와 마스크를 벗는다

정리되지 않을 항목을 한 그릇 담고 밀키트 매뉴얼을 읽는다

카페 간다

미소 짓는 하소연하는 고백하는
그런 표정들이 떨어진 꽃잎처럼 무심해지는
그만큼 떨어져 앉는
커피가 남은 자리

이미 647번 도로 어딘가를 달려
한 모금만 더 마시면 영원히 잠들지 않을 수 있어
햇살이 각성제처럼 쏟아져
속력을 높여 높여 그때 탁, 한 번 두 번 공중제비
전복을 반복하는 거야
출발이야

아무리 막아도 소음이 흘러들어오는 낮
과
어디를 비쳐도 경고 표지가 박혀 있는 밤
과
차창으로 해미읍성의 회화나무
회화나무에 매달린 천명의 목을 하나 둘 세어 봐

어디서나 시작되고
어디서나 사라지는
안개 밑으로 흐르는 도로
여기를 넘어가도 돼? 라고 나에게 물었을 때
이미 너를 잡고 독기 오른 새순 사이로 깊어져
검푸른 입술,

  차를 세우고 '무단출입 금지'라는 울타리를 넘어
  초원 위에 나란히 누워
  목초들이 비싼 침대의 스프링처럼 꺼짐도 없이 소리도 없이 등을 찔러
  술술 묽은 삼이 흘러내릴 때
  자 너는 나를 갈라
  달려온 거리만큼 달려갈 거리만큼 나를 갈라
  비명을 멈출 수 없어
  황홀, 한 거야
  반복되는 적출이야

카페 테이블 위
식지 않는 잔
적출된 커피
리필이야

입술

살얼음 아래 살얼음 위
오른쪽과 왼쪽 사이 어디쯤
너의 윤곽

머리보다는 몸을 불리는 것으로 학위를 딴 이후
먹고 사는 일이 옹졸해진 것은 당연한 일이다
체중에 맞춰 생각이 비대해지는 것도 문제는 아니다
그런데 살얼음,
현관문을 열면 신발을 벗을 수 없는
나보다 앞서 거실 바닥을 뒤덮고 있는
살얼음 밑 흐르는 너의 윤곽
어디에 발을 디뎌야 하는가?가 문제이다

입체 사각형으로 살얼음을 도려낸다
무게를 감추는 방식
무게와 야합하는 태도
입체 사각형의 살얼음을 베란다 허공에 매단다

한 마리의 콩새가 살얼음 위로 날아왔다
하나의 부리가 콕콕 살얼음을 찌르고 있다
파문(破文), 너의 윤곽

츄파츕스를 물고 소파에서 일어난다
엉덩이는 소파에 삐딱하게 파고들고 있다
팔은 스툴 아래로 이유 없이 늘어져 있다
〈잃어버린 시간:2〉를 읽는 어딘가에서 생각은 비쩍
말라 있다

오로지 츄파츕스를 입에 물어 달콤한 입술
콩새의 자리에 입 맞춘다
츄파츕스는 녹아야 달콤하다
입술은 녹아내려서 달콤하다
살얼음 속 너에게로 용암처럼 흘러간다

   너를 떠나서 너를 좋아할 거야
   풍산역 담벼락 모퉁이로 돌아가서 너를 잃어버릴

거야

  다정한 종료가 풍산역 담벼락 가로등에 점멸된다
  개나리꽃이 서로를 꽉꽉 누르며 담벼락을 마구 걸어다닌다

  모퉁이 구멍가게에서 산 츄파춥스를 입에 물고 꼬마는 집에 간다
  꼬마는 내일도 입술을 오물거리며 구멍가세에서 나온다

  새로 계약한 신축 아파트의 문을 연다
  전입신고보다 확고하게
  은행대출금보다 위험하게
  너의 윤곽은 녹아서 살얼음 진다
  이미 입체 사각형의 살얼음이 베란다에 매달려 있다

VI

해변 없는 바다[*]

나는 해변 없는 바다에 간다
한 친구는 반 토막 난 주식을 짊어지고
주식 차트 음봉과 양봉 사이
마지막 베이스캠프를 치는 중이고
- 그는 또 이혼할 것이다

과체중이었던 한 친구는 회사를 그만두고 시작한 사업이
  체중을 한 달에 십 킬로그램씩 빠지게 하더니
급기야 의사가 선고한 대로 체중 영점을 향해
빠른 속도로 소실 중이고
- '살 한번 제대로 빼네!'라는 실없는 미소의 무게마저 그는 내려놓았다

  토목공사 현장에서 사망한 인부의 장례식장에

---

[*] 미국 작가인 빌 비올라(Bill Viola)의 영상 설치 작품. 기계적인 설명에 따르면 인간의 생성과 소멸의 순환 과정을 표현하고 있다고 한다.

회사를 대표해 문상 갔던 친구는
유가족들에게 둘러싸여 주검 옆에서
꼼짝 못 하는 중이고
- 돌 지난 딸과 전화 도중 들린 누군가의 개새꺄 소릴
참지 못했다

할 일 없는 나는 빌 비올라의 해변 없는 바다에 간다
한여름 오후 세 시 냉방 잘되는 전철을 타고
잠시 잠깐 정신 말린 대가리를 차창에 툭툭 부딪히거나
옆자리의 어깨에 대롱대롱 매달면서
빌 비올라가 누구인지 모르면서
해변 없는 바다가 어디인지 모르면서

위자료라도 챙겨 줘야 하는 시간
무게 영점을 향해 달려가는 시간
유가족들의 포승줄에 묶여 있는 시간

미술 잡지 기자인 후배가 보낸 문자 한 줄의 끈을 잡고

해변 없는 바다에 꼭 있을 것 같아
정신을 놓았다 잡았다 버둥대며 나는 간다

연(緣)

무릎을 더는 올릴 수 없을 때
살갗이 벗겨진 자리
모스부호처럼 따끔대며 내려앉는
사막별

우리에겐 목마름 대신 하시시*가 있지
물을 건네는 베두인족의 목울대가
모래언덕처럼 꿈틀거린다

굳은 손가락이 모래바람에 부러지며 가리키는 곳
비명도 없이 눈물도 없이
하시시 연기가 잉크 방울처럼 하늘에 번지는 곳

다시,
한 발 한 발 내딛는 발자국

---

* 'Hashish'는 아라비아어로 대마를 뜻하고, 이집트의 소수민족이며 사막의 유목인 베두인족이 끽연(喫煙)한다.

깊어져서 사라지고

해가 뜨면 바위틈에
허기진 혀를 집어넣고
사막 도마뱀을 기다린다

손이 닿는 모든 것이 사라지는 이유[**]
등을 달구고 등을 물어뜯고
뒤에 시 있다

[**] 영국 가수 패신저(Passenger)의 노래 〈Let Her Go〉 중에서.

구경(究竟)

얼굴은 꿈으로만 다가왔다
나를 부르는 얼굴마다 불타오르고
아침 테이블에 앉을 때마다
타다 남은 얼굴이
접시에 올라왔다

떠나지 않는 기차가 기적을 울렸다

주머니에 남은 씨앗이
썩는 힘으로 밀어낸 수의(壽衣)가
나를 입는다

나의 이마를 겨눈 그로니조*가
가장 맑은 날 알바니아 고원에 서 있을 때
다른 자가 다른 자의 이마를 겨누는 유대(紐帶)

---

* 알바니아 작가 이스마일 카다레의 소설 『부서진 사월』의 주인공.

풀잎이 흔들리기 전 풀잎을 지나
총알은 관습처럼 이마를 꿰뚫는다

플랫폼의 보안 요원은 눈을 깜박이지 않았다
구멍 난 이마들이 줄지어 꿈에 올라탔다

김종삼 1

살아 있는 동안 말할 줄 알았던 자
묵언

한 발짝 한 발짝
길을 잃고 길을 가는
벚꽃 터지는 정적

실바람처럼 가랑이를 빠져나가는
마곡사 계곡 길
종잡을 수 없는
청명(淸明),

떠날 때 잠깐 주인이었던 이유
여행 가방에서 살짝 삐쳐 나온 셔츠 끝에서
나풀댄다

약탈 게임

〈ID:고스크 남편〉은 자비를 베풀지 않는다
출근 시간 지나 역무원 몰래
안방에 들어가듯 올라탄 지하철에서 졸다가 불시착한다

'좋은 말로 할 때 전화받아, 이 아저씨야'

문자 메시지를 서둘러 삭제하고 휴대전화 게임을 터치했을 때
나의 영토는 이미 불타오르고 있다

남은 자원이라도, 제발
최강자인 〈고스트 남편〉을 피해
미로를 따라 나도 모를 계곡 어딘가로 달려
위장막을 펼친다

'안 갚아? 몸뚱이라도 가져와 씹어 먹게'

그들은 내 가족을 모닝 빵처럼 뜯어서 나눠 먹는다

혈맹에 지원신청을 한다
부대를 보강하고
〈고스트 남편〉처럼 약자만 찾아
와이파이를 타고 흘러 다닌다

'너 금방 찾아, 이 새끼야 아주 씨를 말려 줄게'

나는 씨를 말릴 아무나 찾아다닌다

UFC* 오디세이

제발 일 분의 휴식 시간만은 조용히 있어
훈계는 이제 필요 없어
찢어진 눈덩이를 더 이상 꿰매진 않을 테니까

마지막 라운드의 시작종이 울리면
마우스도 뱉고 가드도 내리고
목구멍은 굴욕의 뜨거움으로 타오르고
목이 졸려 눈이 풀려
치매의 아버지처럼 침을 흘리며
늘어진 혓바닥
링 바닥보다 깊어져
링 바닥보다 넓어져

쏟아지는 피를 타고
망망대해 위 무동력으로 출렁일 테니까

---

* 세계 최대의 종합 격투기 단체.

피 냄새를 맡은 해와 달이
살갗에 떠오르고

오고 있는 길을 알지 못하는
가고 있는 길을 알지 못하는,**
사이렌*** 의 유혹에 몸을 맡기고
"왜?"라는 무음으로
무량(無量)의 방문을 열 때

타워크레인에서 강판이 떨어지는 열락(悅樂),
아홉 개의 하늘이 잡아당겨
사지(四肢)를 찢는 거야
자기 계절을 지난 알맹이 이제 땅 밖에서 영원하고
쭉정이처럼 가벼워

** 콜드플레이(Coldplay)의 노래 〈Till Kingdom Come〉 중에서.

*** Siren : 그리스 신화의 바다 요정.

원 투 스트레이트
가장 가까운 데를 스쳐
가장 먼 곳으로부터 날아오는
바닥의 이면
정갈한 아침 식탁

신호도 없이
나는 이미 당신 앞에 없었지
나는 이미 식사를 마쳤었지

호모 사피엔스

저기, 살덩이가 길 건너편 빌딩 앞에 매달려 있다
나의 생각은 나와 나의 살덩이 사이를 팔 차선으로 가로지른다
생각이 출근 시간처럼 가지런히 줄지어 꽉 막혀 있는 것도
생각의 저편 살덩이가 전시품처럼 다듬어져 반값으로 할인되는 것도
특별한 것 없는 돈벌이의 규칙이다

누구나 지나면서 보지 않는 빌딩 앞 공공조각처럼 굳기 전
나는 살덩이에 닿아
살덩이와 함께 불량기 가득
온갖 거리를 건들거리며 활보하고 싶었다

생각이 무단 횡단하는 나에게 경적을 울린다
가속 페달을 밟은 생각이 나를 송곳처럼 꿰뚫는다

악! 단발의 비명, 나는 살덩이 속으로 데굴데굴 굴러떨어졌다
전등을 켜자 이불이 피로 흥건했다
어둔 새벽 어린 지네가 나의 급소를 물었다

오로지 살덩이와 나, 하나의 생각도 끼어들지 않는 순수의 통각(痛覺)
지네를 찢는 나의 손가락
찢기는 본능으로 나를 더욱 세차게 물어뜯는 지네, 절명의 반작용

119 응급대원이 박차고 들어와 무슨 일이냐며 이유를 물었다
응급차에 실릴 때 옆에 앉아 물끄러미 나를 쳐다보는 생각
타당성은 어이없이 만들어진다
남자 구실을 못하는 걸까
어린 의사의 눈동자는 어떻게 호기심을 감출까

오전 수업을 휴강해야 할 텐데
거기를 지네가 물었다는 것은 사실일까

나는 다시 생각하기 시작했다 그러므로 보잘것없어졌다

계몽의 시간

주차장을 서둘러 빠져나가는 차를 따라가지 않고 가만히 본다

나보다 새로운 이를 위로하며 버리는 방법을
나보다 오래된 이에게 듣는 저녁 식사 시간
모범생의 얼굴로
주차장을 빠져나간 차가 중앙선에 바퀴를 걸치고 달리며
포획의 대상이 되는 과정을 생각한다

어떤 그릇에 담겼느냐로 음식의 수준을 가늠하는
배부름을 뒷배로 차고
처마 밑 어미 잃은 새끼 고양이가 내뱉는 앙칼진 두려움을 관조하는 방법

사물을 초월해 느긋해진
자꾸 눈을 감는 언제 태어났는지 까마득한
계몽의 시간

달리게 하다가 달려지는 골목으로 접어들어
스스로 스스로를 끝내게 하는 것
새로운 것을 불온으로 만드는 방식
계몽은 불온을 확장한다

오래 씹은 껌딱지처럼 불멸의 계몽을 질겅인다

게재불가

악수할 때마다 손바닥엔 틈새가 만들어진다

알베르게* 이층 침대에 관처럼 몸을 짜 맞추고 눈을 감을 때에도
물음은 반복되었다

아버지는 마당 화단의 동백하고만 눈인사를 나누고
마저 남은 정신을 남김없이 탕진한 이유를 끝내 말하지 않았다

내가 목소리를 높여 강의실에서 떠드는 이유가
오로지 먹고살기 위해서라고 학생들에게 털어놓고서
'오로지'라는 방정만은 떨지 말 것을

이유를 말할 때 거짓말이 시작된다는 것을 항상 조금

---

* Albergue : 순례자가 묵는 여관.

늦게 깨닫는다
   전해지는 이유엔 늘 삭제된 구절이 있다

   게재 불가 사유:
   선생님의 논문은 도리에 맞지 않습니다

   연구실 창밖 자율신경계이상(異常)
   새싹은 설명되지 않는 곳에서 돋는다

VII

바라밀(波羅蜜)

회의를 몰래 빠져나와 정처 없다
길은 도망갈 때 가장 진하고 달콤해진다
오전 열 시, 담 밖의 길이 사라진다

저편이 손을 흔든다
매번 불을 질러도 배는 강둑에 매여 있다
저편으로 가는 배는 정처 없어
무책임한 만큼 깨끗하다
깨끗한 만큼 욕정적이다

'당신이 하는 말은 항상 저를 혼란스럽게 합니다'
일본 여자는 증빙서류처럼 마시막 키스를 했다

한번 입에 문 저편은 몸부림칠수록 혓바닥을 뚫고 깊어진다

낚싯바늘이 강 아래에 있다
강이 낚싯바늘 아래에 있다

저편은 착각처럼 입에 물려 있다

나마스테[*]

굽혀진 각도에서 굽혀질 수 없는 각도로 호흡이 흐른다
비틀은 허리로 비틀어지지 않는 어깨너머를 본다
관절의 틈 소리 없이 열릴 때 떨어지지 않는 꽃잎
창밖에서 나를 쳐다본다

호흡이 얽매여 있는 곳에서
이야기가 시작된다
너에게서 풀려나 너에게 얽매이는 반복의 자세
직선으로 펼친 팔 끝보다 조금 더 멀리서
이야기는 파르르 요동친다

   춤을 춰요
새벽 두 시 극동방송국 앞의 가로등 빛은 음악처럼 흔들린다
   한 스텝 한 스텝 밟아요

---

[*] 요가에서 인사말로 '안녕하세요'라는 의미를 담고 있음. 직역하면 '당신에게 고개를 숙인다'라는 의미임.

느껴져요? 바닥이 없는 거
　　읽었어요? 우리가 사라진 거

　겨우 찾았는데 더는 가게를 하지 않는다는 소금빵집
　마지막으로 산 소금빵은 가게 문턱을 넘으면 사소해진다
　그래서 사소한 것은
　얼마나 뜨거운가
　반복되는가

　끝까지 깨닫지 못할 것이라는 깨달음
　호흡이 부딪히는 모든 것 바람처럼 지나가는 온도
　평온한 것은 차갑다

　굳은 등과 어깨를 딱딱한 벽에 맞댈 때
　떠난 것과 남은 것의 차이가 푸념처럼 가벼워지는 찰나,
　고통으로부터 가장 멀리 가는 길
　희열로부터 가장 멀리 오는 길

흘러오고 흘러가는
당신들, 나마스테!

해설

차브 라차브, 차브 라차브, 카브 라카브, 카브 라카브, 제에르 샴, 제에르 샴[*]

김대현(문학평론가)

1.

 이 시집을 읽어 내는 것은 곤혹스러운 일이다. 시집에 수록된 시편들에는 어떤 특정한 의미망을 포착할 수 있는 '서사적' 구조가 거의 존재하지 않는다. 본래의 '의미'대로라면 의미를 형성해야 하는 문장의 연쇄들은 "문장을 잇는 것은 의미를 봉쇄하기 위해서이다"(「철거」)처럼 구축되고자 하는 의미를 오히려 해체한다. 또한 문상 사

---

[*] 구약성경 이사야 28장 10절과 13절에 기술된 문장으로 유대의 제사장들이 이사야의 경고를 조롱하기 위해 아무런 의미를 가지지 않은 의성어로 야유한 것에서 기인한다. 경고를 내려도 이해하지 않으려 하는 제사장들에게 야훼는 그들과 동일한 의성어를 반복하며 그들에게 재앙을 예고한다.

이의 상호작용을 통해 의미를 봉쇄하고자 하는 각각의 문장들 그 자체가 일상의 언어 규칙으로 용이하게 해석될 수 있는 것도 아니다. "아버지의 집을 떠나/ 아버지의 집에 안긴"(「드라이플라워」)이라는 진술처럼 앞서의 진술이 후행하는 진술에 의해 부인되거나 "옆에서 때로는 앞서서 육식동물/분류체계를 벗어난 추상"(「나의 육식동물」)과 같이 해석의 한계를 초과하는 파편적 진술과 사고의 우원(迂遠)을 통해 일상 언어의 어법을 파괴하는 와해된 언어의 형상들이 수시로 나타나고 있기 때문이다. 이런 맥락에서 이 시집은 텍스트가 해석의 대상이며 무엇인가 의미 있는 내용을 전하고 있다는 환상을 버리고 그 자체로 수용해야 한다는 (조금은 오래된) 생각과 상응하는 것처럼 보인다. 하지만 이 또한 마뜩잖은 해석이다. 비선형으로 배치되어 있는 문장들 사이에서도 읽는 이를 해석으로 유인하는 패턴이 분명 존재하고 있기 때문이다.

> 성산 일출봉에서 이름 없는 곳까지 수평선
> 수평선 위 조등을 켜는 배 한 척 두 척 그리고
>
> 성산 일출봉에서 이름 없는 곳까지 해변
> 돌아오는 자의 불빛에 몸을 내주는 한 명 두 명 그리고

> 수평선이 바다 아래에 묻히다
>
> 발목이 해변에 박히다
>
> 귀향한 자의 관을 짜는 그때, 관치기 해변
>
> 햇살이 가장 눈부시게 닿는 그때, 광치기 해변
>
> ―「접(椄)」 부분

 해변의 이름은 풍랑을 만나 사고를 당한 어부들의 시신이 흘러오자 마을 사람들이 관을 가지고 와 시신을 수습했던 "관치기"에서 유래한다. 이 이름에는 문제가 있다. 즐거움의 대상이 되어야 할 해변이 시신을 수습했던 장소라는 사실은 관광객의 시선에서 아무리 생각해도 유쾌한 점은 아니다. 이름의 변경이 요청되는 것은 필수적이다. 또한 이름의 변경이 있다면 그에 해당하는 근거를 보충하는 것도 필요하다. "햇살이 가장 눈부시게 닿는 그때, 광치기 해변"이라는 대상에 대한 새로운 사실은 이렇게 탄생한다. 이곳이 본래 관을 치는 장소였다는 "누구나 알고 있는 사실을/ 누구나 모른 척하는 비밀로 바꾼"(「고해성사」) 것이다. 이렇게 사실은 사실에 의해 사실의 지위를 박탈당한다. 이는 "살아 있는 아버지가 죽은 아버지의 손을 잡고/ 죽은 아버지가 살아 있는 아버지의 손을 잡고"(「카르투시오」)와 같이 양립할 수 없는 사실을 동시에 긍정하고 "어둠은 빛에 머물러 있다/ 빛에 어둠이 머물러 있다"(「영면은 파—란 역등(驛燈)을 견디」)와 같이 관점에 따라 참과 거짓을 판단할 수 없는 상호 대립하는 진술들과 연계하여 하나의 의문을 발생시킨다. 사실은 무엇이고 무엇이 사실인가라는 의문이 그렇다.

2.

앞의 의문은 어떤 대상이나 현상이 사실이라는 기호와 반드시 결부되어 있다는 통상적인 믿음에 대한 의문이기도 하다. 형식 논리 체계에서는 사실의 진위 여부에 대한 판단을 통해 사실이 아닌 것은 거짓으로 취급한다. 사실과 비사실은 공존할 수 없으며 사실의 문법으로 기술할 수 없는 것들은 존재하지 않는 것으로 취급된다. "없는 호텔에 묵었지/ 없는 카페에 앉았지"(「나를 부르지, 유령」)라는 진술처럼 비문의 형식으로 기술되는 존재들은 스스로 실존을 주장해도 현실에서는 인지되지 않는 비존재로서 "유령"인 것이다. 하지만 존재와 비존재, 사실과 비사실을 구분하는 이러한 인식은 이 시집의 모든 단계에서 위반된다.

숨이 멎고 터지는 사이로 단풍이 붉어졌다

단풍에 부딪히며 기차가 달렸다

도착역은 햇살처럼 부서져서 입구가 보이지 않았다

사실은,

단국대 천안 캠퍼스와 호수 사이 협궤를 따라 달리는 기차가 있다

하루에 두 번 너는 내 방에 들어온다

잠든 적이 없는 이거나 깨어난 적이 없는 이라는 서술어 어디도 아닌 아침

침대 옆 의자에 앉아

나를 내려다보는 너의 눈동자

흔들린다 너는 사실은

한쪽 다리가 주저앉는 의자에 앉아 있다

(다리 하나가 부서지는 데에서 사실은 시작된다 또는 다리가 부서지는 데에서 사실은 마무리된다)

너가 기울어진다

사실은 의자에 앉은 사실이 기울어진다

45도 정도로 비탈진 의자 위

사실을 기차가 달린다

기차 소리는 스냅사진처럼 한 장 한 장 잘려진다

소리 한 장이 호수에 닿아 출렁인다
　소리 한 장이 단국대 의대 건물 유리창에 부딪혔다 튕겨진다

　분명 기차를 본다
　나는 기울어진다
　아무도 말한 적이 없다
　어느 공문서에도 남아 있지 않다
　때론 비사실적이다

　(…)

　카페에 들어온 적이 없어야 사실$^{-이다}$
　카페에서 나온 적이 없어야 사실$^{-이다}$

　(…)

　사실은 단국대 천안 캠퍼스와 호수 사이 협궤를 따라 기차가 달린다
　가장 시끄럽게 지나간다
　가장 기울어져서 지나간다
　기울어진 내가 물컹 물컹 흘러내린다
　　　　　　　　　　　　 —「사실$^{-이다}$」 부분

인용한 시는 시인이 제시하는 다른 현실로 진입하는 입구에 해당한다. 하지만 이 입구는 외국인을 환대하는 것에 익숙하지 않은 어느 낯선 국가의 입국장처럼 불친절한 기호들로 가득차 있다. 먼저 제목의 구조를 살피자. 제목은 "사실"이라는 체언과 "이다"라는 술어로 구성되어 있다. 주목할 지점은 체언과 술어 사이를 연결하는 붙임표 "-"이다. (붙임표와 술어가 체언의 위 첨자 형식으로 표기된 것에서는 조금 뒤에 다루도록 하자.) 만일 붙임표가 없다면 "이다"라는 술어는 "사실"이 사실임을 보증하는 술어로 기능하며 우리는 이를 (참이든 거짓이든) 분리할 수 없는 하나의 문형으로 인식한다. 하지만 붙임표가 있으면 다르다. 여기에는 어떤 긴장이 있다. 일상의 문법에서 붙임표는 서로 다른 낱말을 결합하거나 합성할 때 사용된다. 또는 어떤 문장 성분이 자립적으로 사용되지 못할 경우에 사용된다. 어느 경우이든 간에 "사실"과 "이다"는 분리된 것으로서 서로 다른 의미의 영역을 가진다. 둘 사이의 거리에는 "나의 스테이크와 너의 스테이크 사이에 출렁이는 태평양이 있다"(「nothing」)처럼 양자에 포섭되지 않는 무수히 많은 의미들이 존재하고 있다. 붙임표는 이 거리를 강제로 봉합시킨다. 사실을 사실로 만들기 위해 사실에 여러 경로로 관여할 수 있는 다른 사실들을 단숨에 압축시켜 "-"에 봉인하는 것이다.

다시 말해 "사실"과 "이다" 사이에는 "누가 누구를 낳고 누가 누구를 낳고 낳고 낳고의 간격"(「nothing」)처럼 무한히 연쇄하는 수많은 사실들이 봉인되어 있다. 어떤 사실이 술어와의 결합을 통해 사실로 등극하는 과정은 이처럼 잔여 사실들에 대한 배제와 병합을 통해 이루어진다. 그러므로 붙임표는 여기에 여러 가능한 사실들이 있다는 사실, 그리고 그 사실들은 강제로 침묵하고 있다는 사실을 암시한다. 이제 붙임표의 숨겨진 기능을 확인할 수 있다. 붙임표는 체언과 술어, "사실"을 사실로 확정시켜 주는 술어 "이다" 사이의 분리를 통해 양자의 결합이 필연적인 것이 아니며 이를 지속적으로 지연시킴으로써 우리가 "사실"을 사실로 승인하는 단계를 지연시키는 과정이기도 한 것이다.

예컨대 시에서 먼저 인지할 수 있는 사실은 "단풍이 붉어졌다"이다. 다음은 단풍에 부딪히며 달리는 "기차"가 있다는 사실이다. 기차가 멈추기 위해 햇살에 부서지는 입구가 있는 "도착역"도 있으면 좋겠다. 문제는 "사실은,/ 단국대 천안 캠퍼스와 호수 사이 협궤를 따라 달리는 기차가 있다"라는 진술이다. 자기 자신을 스스로 참인 명제로 규정하는 이 진술은 이전까지 우리가 의심 없이 사실로 수용한 진술들이 바로 이 문장의 진위 여부에 달려 있다고 말한다. (모든 언어가 마찬가지이지

만) 한국어는 끝까지 들어야 한다는 관용어처럼 사실을 판단하기 위해서는 "사실은"으로 시작하는 마지막 문장까지 들어야 판단할 수 있는 것이다. 그러나 우리는 "단국대 천안 캠퍼스"라는 현실의 지명 근처에 협궤 열차와 역이 있다는 진술은 현실에서 비사실이라는 것을 이미 인지하고 있다.

우리는 이제 대립하는, 하지만 서로 다른 층위에서 작동하는 두 개의 사실을 가진다. 현실의 사실과 시로 기술된 가능 세계의 사실이 그렇다. 여기서 판단 기준이 전자의 층위, 즉 현실에 존재한다면 인용한 시는 스스로를 사실로 지시하지만 사실은 거짓인 진술들로 구성되어 있는 것으로 판단할 수 있다. 하지만 후자의 층위에서 판단한다면 무엇이 사실인지 판단하는 과정은 끝없이 유예된다. 왜냐하면 시의 내부라는 가능 세계에서 협궤 열차가 존재한다는 사실의 진위 여부를 판단할 기준이 없기 때문이다. (어느 층위에 서 있을지는 해석자의 몫이다.) 그러므로 장무령의 세계는 "잠든 적이 없는 이거나 깨어난 적이 없는 이라는 서술어"처럼 이른바 긍정도 부정도 할 수 없는, 긍정과 부정이 공존하는, 그래서 끝없이 판단이 지연되는 무한판단의 세계인 것이다. 그렇다면 "침대 옆 의자에 앉아/ 나를 내려다보는 너"가 실존하는 존재인지 비존재인지 여부도 우리는 판단할 수 없다. "사실은 의자에 앉은 사실이 기울어진다"라는 진술처럼 의자에 앉은 "너"라는 "사실"은 고정되어 있지 않고 가변적으로 "기울어"지고 있기 때문이다. 아니, "어느 공문서에도 남아 있지 않다/ 때론 비사실적이다"라는 진술처럼 애초에 "너"의 존재 여부를 인지하는 '나'라는 존재 자체가 루머에 지나지 않는 것이다. 그리고 이러한 형식은 시 전체, 아니 시집 전체에서 지속적으로 반복된다.

이제 유보되었던 다음의 구문을 살피자. "카페에 들어온 적이 없어야 사실$^{-이다}$/ 카페에서 나온 적이 없어야 사실$^{-이다}$"처럼 붙임표와 술어가 체언에 위 첨자의 형태로 기술되어 있다는 점이 그렇다. 통상의 문법에서 위 첨자는 체언의 거듭제곱을 표시한다. 그러므로 해당 진술은 "사실"이라는 체언을 "이다"라는 술어로 거듭해서 반복하는 형식을 가진다. 프랙탈 구조와 같이 거듭의 반복을 통한 동형 관계의 무한한 증식은 이미 붙임표로 인해 지연된 사실의 판단을 지속적으로 반복하게 함으로써 영원히 사실 판단을 유보하게 하는 장치로 기능한다. 제논의 역설에 등장하는 아킬레우스처럼 아무리 사실의 사실됨을 염원해도 영원히 사실에 다가갈 수 없는 것이다. 장무령의 언어가 사고의 비약과 지연, 파편적 사유로 나타나는 이유도 이 지점에 있을 것이다. 통상의 문법을 따르는 유기적 사유로는 언어의 지속적인 미끄러짐을 통해 '사실'에서 '이다'라는 술어에 결코 도달할 수 없기 때문이다. ('사실'에서 '이다'로 도달하는 최단의 경로가 온통 다른 사실들에 대한 억압으로 이루어져 있다는 것도 하나의 이유이다.) 그래서 그는 "배설되지 않는 꽃 붕붕 부풀어 UFO", "블랙홀 썩는/ 연꽃, 역겨운"(「꽃의 변주에 대하여」)처럼 통상의 경로를 이탈하여 (도달 여부는 차치하고) 진정한 사실에 도달하기 위한 가능한 모든 경로를 찾아 헤맨다.

3.

>   악! 단발의 비명, 나는 살덩이 속으로 데굴데굴 굴러떨어졌다
>   전등을 켜자 이불이 피로 흥건했다
>   어둔 새벽 어린 지네가 나의 급소를 물었다
>
>   오로지 살덩이와 나, 하나의 생각도 끼어들지 않는 순수의 통각(痛覺)
>   지네를 찢는 나의 손가락
>   찢기는 본능으로 나를 더욱 세차게 물어뜯는 지네, 절명의 반작용

(…)

거기를 지네가 물었다는 것은 사실일까

나는 다시 생각하기 시작했다 그러므로 보잘것없어졌다
— 「호모 사피엔스」 부분

다시 장무령의 시에서 주목할 수 있는 것은 감각에 대한 예찬이다. 이를 예찬이라 칭하는 것이 적합할지는 모르겠다. 이 시에서 감각은 "박피하듯 발라내는 감각 한 점 한 점"(「염(殮)」)처럼 예리한 칼로 "손톱 밑을 도려내는/ 고통"(「기도」)으로 현출되기 때문이다. 하지만 동시에 감각은 "거기를 지네가 물었다는 것은 사실의 언어일까"라는 의문처럼 체계적 사유와 언어 논리가 사실과 존재를 판단하는 데 아무런 도움이 되지 않는 이 세계에서 "하나의 생각도 끼어들지 않는 순수의 통각(痛覺)"으로서 존재의 존재함을 승인할 수 있는 유일한 경로이기도 하다. 누가 무엇을 어떻게 했든 간에 존재가 확신할 수 있는 것은 오로지 "거기"에 남은 통증의 감각이기 때문이다. 우리 역시 다른 존재들과 구분되는 고귀함을 가진 호모 사피엔스, 다시 말해 '생각하는 존재(cogito)'가 아니라 "찢기는 본능으로 나를 더욱 세차게 물어뜯는 지네"와 같이 감각의 수용기를 가진 "살덩이"에 지나지 않는 것이다.

   살아 있다는 것은 몸을 요구한다

   비대한 몸을 관람하는 산티아고 대성당 당신, 도륙(屠戮)의 축복

   욕실 통유리 밖 적목련 손끝, 낙화 직전의 응혈
   스파 욕조에 콸콸 쏟아진 뜨거움
   땅이 다시 시작되는 곳으로 흘러 내장 없이 뼈 없이 물결만 남아

   불쑥 나타나 '묻지 마'의 미소로 옆구리를 꿰뚫어
   오물로 범벅된 몸을 차가운 길바닥에 풀어 주시기를

   기필코 들어주지 않는 인자한 당신

   투명 유리관 속 거죽만으로 전시된
   도살의 날짜 선명한 검푸른 낙인의 몸을
   점심 후의 가벼운 산책처럼 지나치는 관람객 속 당신
   포정해우의 솜씨로 뼈와 살을 발라내면서 감각만은 끝

내 살려 놓는

섬세한 당신

―「순례」부분

그래서 존재는 자신의 "살아 있"음을 증거하기 위해 "몸"을 요구한다. 흥미로운 것은 시에서 요구되는 "몸"이 우리가 일상으로 인식하는 유기체로서의 신체가 아니라는 점에 있다. 장무령 시의 신체는 앞의 "살덩이"와 같이 "검푸른 낙인의 몸"이 "도륙(屠戮)의 축복"을 거쳐 "짐승을 기다리는 한 덩이 살점"(「드라이플라워」), "사지 절단된 몸뚱이에서/ 울컥대는 핏덩이"(「고해성사」)처럼 무질서한 형식의 뒤틀리고 해체된 형태의 고깃덩이로 나타나고 있기 때문이다. 요컨대 장무령 시의 신체는 "침대에 내장을 쏟고/ 구멍 난 눈"(「꽃의 변주에 대하여」), "고름을 쏟는 어깨"(「피정(避靜)」), "피와 뼈"(「허구의 박물관」)처럼 파편화된 신체 또는 신체 없는 기관으로서 학대를 당하거나 "오물로 범벅된 몸"처럼 보는 이에게 혐오와 구토를 야기하는 '비체(abject)'에 가깝다.

다시 하나의 의문이 발생한다. 시인은 왜 유기적인 신체가 아닌 파편화된 신체, 그것도 "포정해우의 솜씨로 뼈와 살을 발라내면서 감각만은 끝내 살려 놓는"이라는 진술처럼 최후의 순간까지 피학적일 정도로 고통을 부여받는 신체를 반복적으로 제시하는가? 이는 기억의 기전과 관련이 있다. 신체에 전해진 감각은 신체의 유기성을 통해 뇌의 해마를 거쳐 서사화된 기억으로 저장된다. 그리고 '서사(narrative)'는 기본적으로 감각에 대한 해석과 편집을 통해 재배열하는 것을 전제로 한다. 우리가 장기 기억을 가질 수 있도록 하는 기전이기도 하다. 문제는 이 과정에서 감각을 이루는 많은 부분이 제거되거나 별도의 해석이 보충된다는 점이다. 하지만 어떤 종류의 감각은 다르다. 우리의 신체에 압도적으로 부정적인 영향을 주는 고통의 기억이 그렇다. 흔히 트라우마로 불리는 이 고통의 감각은 서사화를 거치지 않고 뇌의 편도체에 직접 기입된다. 통증을 날 것 그대로 기입함으로써 그 고통을 재경험하지 않도록 경고한다.

이제 앞의 논의와 연결할 수 있을 것이다. 앞서 우리는 고독사로 추정되는 "남겨진 자국에 대한 공무원의 설명은 어떻게 일목요연할까"(『밀키트 조리법』)처럼 진술처럼 사실이 사실로 자리 잡는 과정에서 다른 사실에 대한 무수히 많은 배제와 압축이 발생한다고 보았다. 하지만 삶은 복잡성을 가진 것으로서 어떻게 해도 "정리되지 않을 항목"(『밀키트 조리법』)은 언제나 남아 있기 마련이다. 앞서 언급한 바와 같이 시인의 세계는 존재와 사실 모두 비결정 상태로 놓여 있어 진위 판단이 영원히 공백으로 남아 있는 무한판단의 세계인 것이다. 감각도 마찬가지다. 감각이 신체의 유기성을 통해 신체 일부의 서사화된 감각으로 취급될 때 감각은 왜곡된다. 감각을 사유가 배제된 온전한 감각으로 인지하기 위해서는 오로지 "하나의 생각도 끼어들지 않는 순수의 통각(痛覺)"만이 필요한 것이다. 시인이 신체의 유기성을 부정하고 통각의 수용기만을 가진 신체 없는 기관을 제시하는 까닭이다. 이는 유기적 사유보다 언어의 함축을 중시하는 시와 닮았다. 고통을 다루는 형식이 서사를 기저로 하는 소설의 형식보다 시의 형식에 적합한 것도 이 지점에 있다. 때로 어떤 진실은 사실들의 경합을 통한 촘촘한 논리의 구축이 아닌 "발목을 잘라/ 잃어야 선명해지는 길"(「벌초」)도 있기 때문이다.

4.

　　차 문을 벌컥 열어 버린 예의 없는 소녀는
　　피 묻은 교복을 신용장처럼 입고 있었다
　　아저씬 어디로 가는지 알아요?

(…)

누군가 어깨를 토닥인다

정신 드세요 잘 끝났습니다
혼자 오셨어요?
— 「종장(從葬)」 부분

집에 돌아오면 창문을 여닫는 일이 번거로웠다
화분의 나무는 생각보다 빨리 시들어 갔다
해야 할 일은 문밖에선 분명했고 문안에선 불분명했다

(…)

어디에서 핸들을 놀려야 될까

익숙한 길일수록 운전이 서툴러졌다
(…)

모르는 익숙한 곳에서 모르는 낯선 곳으로 간다
거실 벽에 걸려 있던 액자에 폐기물 스티커를 붙인다
냉장고 밑에 말려 들어가 있던 한 줄 문장이 주머니 속

으로 들어온다
 버릴 수 없는 것과 버릴 수 있는 것은 예측되지 않는다

 다만 올해도
 죽은 아버지에게 날아온 '근하신년'이 길 잃은 철새처럼 내려앉았다
 사소한 말들이 창문에 실비처럼 흘러내렸다

 친구로부터 전화가 왔다
 거기가 집값이 오르겠냐
 세상 사는 법은 익숙할수록 날카롭다
―「이사」부분

 마르크스는 이데올로기의 작동 방식에 대해 "그들은 알지 못한다, 하지만 행한다"라고 언급한 바 있다. 우리는 우리가 놓인 구조의 규칙이나 조건에 대해 정확히 알지 못하면서도 그 시스템에서 규정된 방식에 따라 살아가고 있다는 이야기다. 그런데 우리는 왜 시스템의 운영 규칙을 모르면서도 시스템에 순응하고 있는 것일까? 어렵지 않은 물음이다. "아저씬 어디로 가는지 알아요?"라는 "소녀"의 질문처럼 우리는 우리가 어디에 있는지, 시스템의 바깥에 무엇이 있는지에 대해 알지

못하기 때문이다. "해야 할 일은 문밖에선 분명했고 문안에선 불분명했다"라는 진술처럼 다른 비교군이 없는 시스템 내부에서는 우리가 수행하는 행위의 완결성을 스스로 증명할 수 없기 때문이다. 그러기에 우리는 모든 것이 "잘 끝났습니다"가 될 때까지 시스템의 바깥으로 나가려 하지 않는다.

하지만 그러지 못하는 사람도 있다. 그 또한 시스템이 어떻게 작동하는지 그리 아는 바가 없을 것이다. 그럼에도 그는 "모르는 익숙한 곳에서 모르는 낯선 곳으로" 향한다. 모르는 것에 익숙해진다면 영원히 모르는 상태로 남는 것이다. 장무령은 '사실'이라는 익숙하지만 우리가 모르는 관념에 대해 사실에 반하는 또는 비사실들을 중첩함으로써 현 상태를 고정하는 사실의 규정력을 끝없이 유보한다. 이를 통해 시집은 참과 거짓, 존재와 비존재라는 배중률이 지배하는 이항 대립의 구조로는 사유할 수 없는 불가능성의 공간을 창출한다. 이 공간에서 우리에게 익숙한 현실의 논리와 세계의 균열이 시작된다.

앞서 우리가 겪은 혼란도 이에 기인한다. 장무령의 세계는 읽어 내는 것이 아니라 '사실은' 통증을 감각하는 것이다. 의미를 구축하는 것이 아니라 '사실은' 해체하는 것이다. 시인에게 어떤 문장이 의미가 구축되어

해독되는 것은 "오늘 쓴 문장을 붕대로 둘둘 감고 외면하고 싶으니까요"(「기도」)처럼 이미 체계에 포섭된 언어로서 부끄러운 일이다. 물론 지금 말하는 '사실'이 '사실'이라는 보증은 없다. 다만 첨언할 수 있는 것은, 일상의 언어로 이해시킬 수 없는 자들에게는 '차브 라차브, 차브 라차브, 카브 라카브, 카브 라카브, 제에르 샴, 제에르 샴'이라는 비일상의 언어를 내린 신의 말씀처럼 재현불가능한 현실을 재현할 가능성이 있는 것은 현실에 가능하지 않은 불가능의 언어밖에 없는 것이다.

청색지시선 8

모르는 입술
장무령 시집

초판 1쇄 발행 2024년 11월 15일

지은이　장무령
펴낸곳　청색종이
펴낸이　김태형
인쇄　범선문화인쇄
등록　2015년 4월 23일 제374-2015-000043호
주소　서울시 영등포구 문래동2가 14-15
전화　010-4327-3810
팩스　02-6280-5813
이메일　bluepaperk@gmail.com
홈페이지　bluepaperk.com

ⓒ 장무령, 2024

ISBN 979-11-93509-10-4　03810

이 도서는 저작권법에 따라 보호받는 저작물이므로 저작권자와 출판사의 허락을 받아야 복제하거나 다른 용도로 사용할 수 있습니다.

값 12,000원